TRISTAN UND ISOLDE

Bearbeitet von **Jacqueline Tschiesche**

Illustriert von **Alida Massari**

Redaktion: Jacqueline Tschiesche
Künstlerische Leitung und Gestaltungskonzept: Nadia Maestri
Computerlayout: Veronica Paganin
Bildbeschaffung: Laura Lagomarsino

© 2008 Cideb

Erstausgabe: Juli 2008

Fotonachweis: Cideb Archive; The Granger Collection, New York: 7; TOUCHSTONE PICTURES / Album: 67; ORION WARNER BROTHERS / Album: 68; De Agostini Picture Library: 69.

Trotz intensiver Bemühungen konnten nicht alle Inhaber von Text- und Bildrechten ausfindig gemacht werden. Für entsprechende Hinweise ist der Verlag dankbar.

Wir würden uns freuen, von Ihnen zu erfahren, ob Ihnen dieses Buch gefallen hat. Wenn Sie uns Ihre Eindrücke mitteilen oder Verbesserungsvorschläge machen möchten, oder wenn Sie Informationen über unsere Verlagsproduktion wünschen, schreiben Sie bitte an:

www.cideb.it

ISBN 978-88-530-0870-1   Buch + CD

Gedruckt in Genua, Italien, bei Litoprint

Inhalt

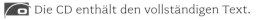 Die CD enthält den vollständigen Text.

Das Symbol kennzeichnet den Anfang der Hörübungen.

Darsteller

Von links nach rechts: **Ritter Morold, Isolde Weißhand, König Marke, Tristan, Isolde, Königin von Irland, König Gurmun, Bragnäne.**

Die Geschichte von
Tristan und Isolde

Die Geschichte von Tristan und Isolde spielt in der Zeit von König Artus und den Rittern seiner Tafelrunde im englischen Cornwall, in Irland und am Ende in der französischen Bretagne. Alle diese Orte gehören zu der Welt der Kelten. Die Geschichte von Tristan und Isolde ist eine der bekanntesten Legenden des Mittelalters. Legende, das heißt, wir kennen nicht den ursprünglichen Verfasser. Im Laufe der Jahrhunderte gab es viele Versionen. Die berühmtesten sind von dem Deutschen Gottfried von Straßburg (*?-1219) und dem Engländer Sir Thomas Malory (ungefähr 1405-1471). Malory schrieb seine Artus-Erzählungen auf Französisch mit dem Titel *Le Morte D'Arthur*. Hans Sachs verfasste 1553 die Tragödie *Tristan und Isolde*. Der Stoff von Tristan und Isolde taucht auch in der Musik und in Filmen auf. Richard Wagner komponierte 1857–59 die Oper *Tristan und Isolde*. Thomas Manns Novelle *Tristan* (1901) bezieht sich auf Wagners Oper. Die deutsche Band *Blind Guardian* hat in ihrem Album *A Night at the Opera* ein Stück namens *The Maiden und the Ministrel Knight*. Natürlich geht es auch hier um Tristan und Isolde. In der jüngsten Verfilmung von *Tristan und Isolde* (2006, Regie: Kevin Reynolds) spielen James Franco und Sophia Myles die Hauptrollen.

Fragen zum Text

1 Welche berühmten Liebenden kennst du aus der Literatur, aus dem Film und in der Musik? Haben alle Geschichten ein Happyend?

Eine Landkarte der britischen Inseln und Nordfrankreichs aus dem Jahr 1623
zeigt die so genannten keltischen Länder.

Vor dem **Lesen**

1 Verbinde Wort und Bild. Benutze eventuell das Wörterbuch.

Harfe   Lanze   Ritter   Rüstung   Schild
Schwert   Speer   Spielmann

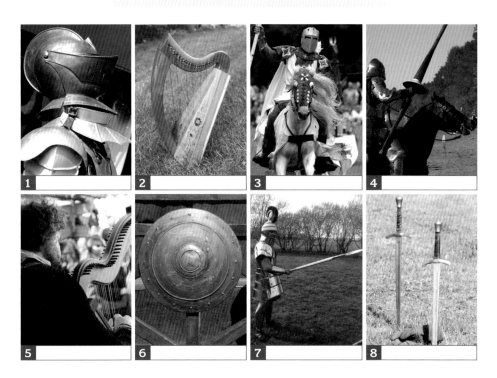

2 Du hörst den Beginn der Geschichte. Ergänze.

a   Tageszeit: ....

b   Anwesende Personen: ....

c   Herkunft des Spielmanns: ....

d   Worauf sitzt der Spielmann: ....

e   Welches Instrument spielt er: ....

KAPITEL **1**

DER SPIELMANN

An einem kalten Winterabend saßen König Artus und seine  Ritter an der Tafelrunde der Burg Camelot. Plötzlich kam ein junger Mann mit einer Harfe unter dem Arm in die große Halle. Er hatte dunkle Haare und dunkle, traurige Augen. Seine Kleidung war einfach, aber sauber.

„Willkommen auf Camelot, junger Mann", sagte König Artus. „Seid Ihr ein Spielmann?"

„Ja, Eure Majestät, das bin ich."

„Woher kommt Ihr?" fragte König Artus.

„Ich bin aus Cornwall", antwortete der Spielmann.

„Gut", sagte König Artus, „wir mögen Spielmänner und ihre Geschichten. Erzählt uns etwas über mutige Ritter und schöne Frauen."

„Kennt Ihr die Geschichte von Ritter Tristan von Lyonesse?" fragte einer der Ritter.

„Ja, Tristan ist ein tapferer [1] Ritter, aber seine Geschichte ist sehr traurig", antwortete der Spielmann.

---

1. **tapfer**: mutig.

TRISTAN UND ISOLDE

„Setzt Euch und erzählt sie uns", sagte König Artus.

Alle wollten die Geschichte von Tristan von Lyonesse hören.

Der Spielmann setzte sich auf einen Stuhl und begann zu erzählen. Meistens sprach er, aber manchmal sang er auch und spielte dabei auf seiner Harfe.

Hier ist seine Geschichte.

Viele Jahre lang lagen Cornwall und Irland im Krieg. Die Iren segelten oft nach Cornwall und griffen das Land an. Es gab schreckliche Schlachten und viele Menschen starben.

König Marke von Cornwall wollte Frieden, die Iren aber nicht. Marke wusste nicht, was er tun sollte. Eines Tages bat er seinen Cousin, König Riwalin von Parmenien, um Hilfe.

„Hilf mir gegen die Iren und du kannst meine schöne Schwester heiraten", sagte König Marke zu seinem Cousin.

„Die Iren sind auch meine Feinde", antwortete König Riwalin. „Ich helfe dir gern. Zusammen können wir sie besiegen und ich heirate deine schöne Schwester."

Also kämpften König Riwalin und König Marke zusammen. Und sie gewannen gegen die Iren. König Riwalin heiratete dann König Markes Schwester und kehrte mit ihr auf seine Burg nach Lyonesse zurück. Sie liebten sich sehr und waren sehr glücklich zusammen. Aber das Glück sollte nicht lange dauern. Nur ein Jahr später starb König Riwalin in einer Schlacht. Zur gleichen Zeit bekam die Königin einen Sohn. Aber bald wurde sie sehr krank. Kurz vor ihrem Tode rief sie ihren treuen Diener, Ritter Rual.

„Ritter Rual, ich sterbe bald", sagte die junge, schöne Königin. „Nimm mein Kind und nenne es Tristan. Sein Name bedeutet Traurigkeit. Es kommt von dem französischen Wort *triste*. Kümmert Euch um Tristan und liebt ihn wie Euren eigenen Sohn.

TRISTAN UND ISOLDE

Und wenn Tristan ins Mannesalter kommt, bringt ihn zu meinem Bruder, König Marke. Er wird ihm helfen."

Ritter Rual und seine Frau kümmerten sich liebevoll um den kleinen Tristan. Er wurde ein kräftiger und mutiger Junge. Er lernte reiten, mit Schwert und Speer kämpfen und Harfe spielen. Tristan konnte auch fremde Sprachen sprechen.

Als Tristan ein junger Mann wurde, verließ er Lyonesse und ging nach Cornwall zu seinem Onkel, König Marke. Der König lebte auf einer großen Burg namens Tintajol.

Tristan ging in den großen Rittersaal und sah seinen Onkel zum ersten Mal.

„Majestät, ich bin Euer Neffe, Tristan von Lyonesse."

„Mein Neffe, Tristan", sagte König Marke sehr erfreut, „der Sohn meiner Schwester. Willkommen auf Tintajol, Eurer neuen Heimat. Schön, dass Ihr da seid. Meine Ritter und ich werden Euch viele Dinge lehren. Ihr werdet ein großer Ritter."

Alle begrüßten Tristan herzlich. Er war glücklich bei seinem Onkel. Der liebte ihn wie einen eigenen Sohn.

Mit der Zeit wurde Tristan ein berühmter Ritter und kämpfte in vielen Turnieren. Die Leute von Cornwall kannten seinen großen Mut und bewunderten ihn dafür. Aber einige Ritter und Adelige waren eifersüchtig [1], denn Tristan war König Markes Lieblingsritter.

Eines Tages kam Ritter Morold von Irland zur Burg Tintajol. Er war ein riesiger Mann mit einem dunklen Gesicht und kräftigen Händen.

„König Gurmun von Irland schickt mich", sagte er mit lauter Stimme. „Er will einen Tribut von Euch, König Marke."

„Einen Tribut?" König Marke war sehr überrascht.

---

1. **eifersüchtig**: neidisch, jmd ist böse, dass der andere etwas hat oder kann.

TRISTAN UND ISOLDE

„Ja, einen Tribut", sagte Ritter Morold. „Wenn Ihr einen Tribut sendet, wird König Gurmun Cornwall nicht angreifen."

„Und was soll dieser Tribut sein?" fragte König Marke.

„Ihr müsst ihm dreißig adelige, junge Männer senden. Sie sollen König Gurmun dienen."

„Was?" rief König Marke. „Dreißig junge Männer? Das ist ja schrecklich."

„Tut, was Euch König Gurmun befiehlt", sagte Ritter Morold. „Oder einer Eurer Ritter kämpft mit mir. Wenn er gewinnt, braucht Ihr König Gurmun keinen Tribut zu geben. Aber, Vorsicht! Ich bin der kräftigste Ritter der Welt und jeder hat Angst vor mir."

Es war totenstill. Keiner sagte ein Wort. Aber Tristans Gesicht war rot vor Zorn [1].

„Ich kämpfe mit Euch, Ritter Morold!" sagte Tristan. „Ich habe keine Angst vor Euch!"

Alle schauten überrascht auf Tristan.

„Nein, Tristan, du darfst nicht mit ihm kämpfen, er ist zu groß und zu stark für dich", sagte König Marke. „Du kannst nicht gewinnen. Er wird dich töten."

„Nein, Onkel Marke" antwortete Tristan mit fester Stimme, „ich bin ein Ritter von Cornwall und ich muss mit ihm kämpfen."

Ritter Morold schaute auf den jungen Mann vor sich und begann zu lachen. Denn Tristan war viel kleiner und dünner als der irische Riese.

„Also gut, wir treffen uns in einer Woche früh am Morgen auf der kleinen Insel vor der Burg", sagte Ritter Morold.

„Ich werde da sein", sagte Tristan und schaute fest in Ritter Morolds kalte Augen.

1. **r Zorn,(X)**: großer Ärger.

Textverständnis

1 Was ist richtig? Kreuze an.

1   Der Spielmann kam aus
    a ☐ Irland.
    b ☐ Cornwall.
    c ☐ Schottland.

2   Tristan war der Sohn von
    a ☐ König Marke.
    b ☐ Ritter Rual.
    c ☐ König Riwalin.

3   Tristan lernte
    a ☐ reiten und ein Messer benutzen.
    b ☐ Harfe spielen und ein Schwert benutzen.
    c ☐ singen und Fremdsprachen.

4   An König Markes Hof
    a ☐ mochten alle Tristan.
    b ☐ waren die Ritter eifersüchtig auf Tristan.
    c ☐ bekam Tristan einen Sohn.

5   Ritter Morold gab König Marke
    a ☐ eine
    b ☐ zwei
    c ☐ vier
    Chancen.

6   Tristan wollte mit Morold kämpfen,
    a ☐ denn Tristan war kleiner und dünner.
    b ☐ denn Morold war groß und kräftig.
    c ☐ denn Tristan war böse auf ihn.

2 Wer ist wer?

a ☐ Er war der Lieblingsritter des Königs: ....

b ☐ Er liebte Tristan und kümmerte sich um ihn: ....

c ☐ Er begrüßte den Spielmann: ....

d ☐ Er wollte etwas von König Marke: ....

e ☐ Tristan war sein Lieblingsritter: ....

f ☐ Er war König Markes Schwager. ....

| 1 König Artus | 2 Tristan | 3 König Marke |
| 4 König Riwalin | 5 Rual | 6 Ritter Morold |

Wortschatz

1 Wie heißt das Gegenteil dieser Adjektive?

gut jung lang leise ruhig sauber schön schwer stark traurig

a leicht   ....

b glücklich   ....

c schwach   ....

d alt   ....

e schlecht   ....

f hässlich   ....

g schmutzig   ....

h kurz   ....

i laut   ....

j nervös   ....

2 Welche Antwort passt?

1 Bist du ein Ritter?

a ☐ Ja, der bin ich.
b ☐ Ja, das bin ich.
c ☐ Doch, das bin ich.

2 Kennst du Tristans Geschichte?

a ☐ Ja, ich kenne sie.
b ☐ Nein, ich kenne sie.
c ☐ Doch, ich kenne sie.

3 Kümmerst du dich um mein Kind?

a ☐ Nein, gern.
b ☐ Ja, gern.
c ☐ Doch, gern.

4 Willkommen auf meiner Burg.

a ☐ Danke.
b ☐ Bitte.
c ☐ Gern.

5 Bis nächste Woche!

a ☐ OK, bis dann.
b ☐ OK, ich sehe.
c ☐ OK, wir sehen.

Grammatik

1 Welche Präposition passt?

auf (3) für in mit zu

a König Marke war sehr stolz .... seinen Neffen.

b Tristan war böse .... Ritter Morold.

c König Mark war dankbar .... König Riwalins Hilfe.

d Einige Ritter waren eifersüchtig .... Tristan.

e Tristan war gut .... Fremdsprachen.

f König Riwalin war sehr glücklich .... König Markes Schwester.

g König Marke war nett .... Tristan.

Cornwall
und die keltischen Länder

Cornwall liegt im Südwesten von England. Und das Vorgebirge
Land´s End im Südwesten von Cornwall ist der westlichste Punkt
von England. Land´s End: da ist das Land zu Ende und es gibt nur
noch Meer, Meer, Meer.

Cornwall und die Kelten: Die Kelten lebten um 1200 v. Chr. in
Mitteleuropa. Dann begannen sie sich überall in Europa
niederzulassen und kamen im 5. Jahrhundert v. Chr. nach England
und Irland. Sie lebten in Cornwall, bevor die Römer 43 n. Chr. dort
hinkamen. Nachdem die Römer England verlassen hatten, wurden

Megalithensteine in West Penwith in Cornwall.

Blick auf den Hafen des Fischerdorfs Polperro.

die Kelten wieder wichtig für Cornwall. Und in genau dieser Zeit spielt die Geschichte von Tristan und Isolde. Die Angelsachsen eroberten Cornwall im 9. Jahrhundert, aber die keltische Kultur blieb bestehen.

Heute ist Cornwall eins der sechs keltischen „Länder". Außer Cornwall gehören dazu auch Irland, Schottland, Wales, die Bretagne im Nordwesten von Frankreich und die Isle of Man. Das ist eine Insel zwischen Nordirland und Nordengland.

Die keltischen Länder haben alle Sprachen keltischen Ursprungs. Die letzte Person, die kein Englisch und nur Kornisch sprach (also die Sprache von Cornwall) starb 1777. Heute kennen und können nur noch wenige Bewohner Cornwalls die kornische Sprache. Aber alle kennen den kornischen Namen für Cornwall: *Kernow*. Kornisch sind auch viele geographische und Familiennamen, die mit den Silben *Tre*, *Pol* oder *Pen* beginnen. Diese Silben sind eigentlich Wörter: sie bedeuten *Stadt* oder *Bauernhof*, *See* und *Kopf*.

Felsküste bei Newquay in Cornwall.

Cornwalls Wirtschaft lebte früher von Zinn. Dieses Metall holte man aus der Erde wie Kohle oder Gold. Zinn war schon vor den Kelten bekannt. Aber im 20. Jahrhundert war es billiger, Zinn aus Malaysia zu importieren.

Heute ist Cornwall eine der ärmsten Regionen von England. Wichtig ist aber der Tourismus. Fünf Millionen Touristen besuchen jährlich Cornwall. Sie kommen wegen der intakten Landschaft mit der wilden Küste und den schönen Stränden.

Fragen zum Text

1 Was ist richtig (R)? Was ist falsch (F)?

		R	F
a	Cornwall liegt im Südosten von England.	☐	☐
b	Die Kelten kamen im 5. Jahrhundert v. Chr. nach England.	☐	☐
c	Kornisch spricht man noch heute.	☐	☐
d	Cornwalls Wirtschaft lebte früher von Zink.	☐	☐
e	Tourismus spielt in Cornwall keine große Rolle.	☐	☐

Vor dem **Lesen**

1 Höre Kapitel 2 und kreuze an.

1 Wann kam Ritter Morold auf die Insel?
   a ☐ Am Morgen.
   b ☐ Am Abend.
   c ☐ Am Nachmittag.

2 Wer gewann den Kampf?
   a ☐ Ritter Morold.
   b ☐ Tristan.
   c ☐ Keiner.

3 Warum ging Tristan nach Irland?
   a ☐ Er wollte die Königin besuchen.
   b ☐ Er wollte seine Wunden heilen.
   c ☐ Er wollte Spielmann werden.

4 König Gurman wollte, dass Tristan
   a ☐ seine Tochter Harfe spielen lehrt.
   b ☐ auf der Burg Harfe spielt.
   c ☐ ihn Harfe spielen lehrt.

5 Wenn Tristan Isolde Harfe spielen lehrt,
   a ☐ kann er immer in Irland bleiben.
   b ☐ kann er sie heiraten.
   c ☐ heilt die Königin seine Wunden.

2 Musikinstrumente.
Spielst du ein Instrument? Wenn, ja, welches? Wenn nein, möchtest du ein Instrument spielen lernen? Welches? Welches nicht?

KAPITEL 2

RITTER MOROLD

Eine Woche später kam Ritter Morold früh am Morgen zu der Insel. Er zog sein Boot auf den Strand. Dann kam auch Tristan. Sofort zog er Morolds Boot zur Seite.

„Warum ziehst du mein Boot weg?" fragte ihn Ritter Morold ärgerlich. „Du brauchst es doch, wenn du vor mir fliehen musst."

Tristan schaute ihn herausfordernd an und sagte: „Ich fliehen? Denk daran, nur einer wird die Insel lebendig verlassen."

Ritter Morold lachte und nahm sein großes Schwert. Tristan machte das gleiche und sie begannen miteinander zu kämpfen. Tristan war jung und bewegte sich geschickt. Ritter Morold war langsamer, aber dafür sehr stark. Tristan sprang hin und her und schon bald wurde Ritter Morold müde. Aber er kämpfte weiter. Viele Stunden kämpften beide so.

Dann ein Schlag. Ein Schrei.

Ritter Morold hatte Tristans Bein verwundet.

„Da ist Gift auf meinem Schwert", sagte Ritter Morold mit einem hässlichen Lachen. „Wenn du niemanden findest, der deine Wunde heilt, wirst du sehr krank. Und nur wenige Leute wissen, wie man die Wunde heilen kann."

Tristan war sehr böse. Wieder nahm er sein Schwert. Mit letzter

RITTER MOROLD

Kraft schlug er auf Ritter Morolds Helm, der in viele Stücke zersprang. Morold blutete heftig am Kopf. Ein Stück von Tristans Schwert steckte in Morolds Schädel. Der irische Riese fiel auf den Boden. Er war fast tot.

Am gleichen Abend kamen einige von Morolds Männern auf die Insel. Sie waren sehr überrascht, als sie ihn schwerverwundet auf dem Boden liegen sahen. Vorsichtig zogen sie ihn in ihr Boot und segelten zurück nach Irland. Ritter Morold starb nach wenigen Tagen. Seine Schwester, die Königin von Irland, war sehr traurig, denn sie liebte ihren Bruder sehr. Sie nahm das Stück Schwert aus Morolds Kopf, legte es in eine blaue Schatulle [1] und brachte sie in ihr Zimmer. „Eines Tages werde ich den Mann finden, der meinen Bruder getötet hat", dachte sie.

Tristan kehrte zurück zur Burg Tintajol. Die Wunde machte ihn sehr krank. König Marke rief die besten Doktoren von Cornwall, aber sie konnten ihm nicht helfen.

„Tristan muss nach Irland, um die Wunde zu heilen", sagte ein alter Doktor. „Das Gift kommt aus Irland und die irische Königin weiß alles über Gift und Kräuter. Sie kann ihm helfen."

„Gut", sagte König Marke, „dann soll er sofort gehen. Macht ein Schiff fertig."

Tristan fuhr also als Spielmann verkleidet unter dem Namen Tantris nach Irland. Keiner durfte wissen, dass er Ritter Tristan war. Er spielte Harfe und sang sehr schön. Die Iren mochten seine Lieder. Eines Tages hörte König Gurmun von dem Sänger und rief ihn auf seine Burg.

König Gurmun und seine Frau hatten nur ein Kind. Ein hübsches

---

1. **e Schatulle,(n)**: schöne Schachtel.

TRISTAN UND ISOLDE

Mädchen, Isolde. Mit ihren langen Haaren, den blauen Augen und dem süßen Lächeln war Isolde für viele das schönste Mädchen der Welt. Alle sprachen von ihrer Schönheit. Der König wollte, dass Isolde Harfe spielen lernte. Aber es gab keine guten Harfenlehrer in Irland.

Tantris betrat mit seiner Harfe die große Halle der Burg. Er ging langsam, denn sein Bein tat ihm weh.

„Seid Ihr der berühmte Sänger Tantris?" fragte ihn König Gurmun.

„Ja, der bin ich", sagte Tristan.

„Was ist mit Eurem Bein?" fragte der König.

„Das ist bei einer Schlacht passiert."

„Man sagt, Ihr könnt wunderbar Harfe spielen", sagte der König. „Spielt doch etwas für uns."

Tristan nahm seine Harfe und sang ein schönes Lied dazu. Der König war beeindruckt.

„Könnt Ihr meine Tochter Harfe spielen lehren?" fragte Gurmun.

„Aber natürlich", antwortete Tristan, „es ist mir eine Ehre."

„Sehr schön", sagte der König zufrieden. „Die Königin wird Eure Wunde mit ihren besonderen Kräutern behandeln. Und Ihr lehrt Isolde Harfe spielen. Ihr könnt hier auf meiner Burg wohnen."

„Ich danke Euch, Majestät."

„Wie gut, dass alle denken, dass ich ein Spielmann bin", dachte Tristan. „Mein Bein wird bestimmt bald wieder gesund und ich kann zurück nach Cornwall."

Jeden Morgen gab Tristan Isolde Unterricht im Harfe spielen. Sie lernte schnell, der König war glücklich und Tristans Bein wurde von Tag zu Tag besser.

„Wie schön Isolde ist", dachte Tristan jedesmal, wenn er die Königstochter sah.

Textverständnis

1 Weißt du die Antwort? Kreuze an. A (Richtig), B (Falsch) C (Keine Angabe).

1 Ritter Morold kam vor Tristan auf der Insel an.
   a ☐   b ☐   c ☐

2 Tristan hatte Angst vor Ritter Morold.
   a ☐   b ☐   c ☐

3 Morold hat den Kampf verloren.
   a ☐   b ☐   c ☐

4 Die irische Königin war Morolds älteste Schwester.
   a ☐   b ☐   c ☐

5 Nur die irische Königin konnte Tristans Wunde heilen.
   a ☐   b ☐   c ☐

6 König Gurmun wusste durch seine Ritter von Tristan.
   a ☐   b ☐   c ☐

7 König Gurmun bat Tantris, seine Tochter Harfe spielen zu lehren.
   a ☐   b ☐   c ☐

8 Tristans Bein wurde sofort besser.
   a ☐   b ☐   c ☐

Grammatik

1 Trage die Infinitiv- und Präteritumformen aus Kapitel 2 in die Tabelle ein.

Infinitiv	Präteritum	Infinitiv	Präteritum
kommen	Kam		

Infinitiv	Präteritum	Infinitiv	Präteritum

Wortschatz

1 Ein Kreuzworträtsel für dich.

Waagerecht

3 Waffe eines Ritters

5 lebt auf einer Burg

6 schützt den Kopf des Ritters

Senkrecht

1 Frau des Königs

2 ist gefährlich für den Körper

4 Person, die singt

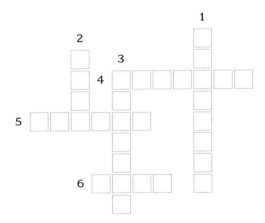

▶▶▶ INTERNETPROJEKT ◀◀◀

Der Truchsess

Öffne die Website www.blackcat-cideb.com.

Gehe dann auf den Menüpunkt *Students*, danach auf *Lesen und Üben*. Suche dann den Titel des Buches und du bekommst die genaue Link-Angabe.

In Kapitel 3 ist der Truchsess ein wichtiger Protagonist.

a   Aber was ist ein Truchsess? Was ist seine Aufgabe?

b   Welche Parallelnamen gibt es für den Truchsess?

c   Wie heißt der Truchsess auf Englisch und auf Französisch?

Auch König Artus hatte einen Truchsess.

Suche im Internet unter dem Stichwort *König Artus* und *Truchsess*.

a   Wie heißt König Artus Truchsess?

b   In welchen Artus-Romanen taucht er auf?

Vor dem **Lesen**

1 Bilderlesen. Schau dir die Bilder auf Seite 33 und 35 an.

a Wer ist wer auf den Bildern?

b Was passiert auf den Bildern?

c Was glaubst du, passiert als nächstes?

2 Höre Kapitel 3 und kreuze an.

1 Warum blieb Tristan in Irland?
- a ☐ Er wollte für die Iren singen.
- b ☐ Er wollte reden und lachen.
- c ☐ Er wollte Isolde Harfe spielen lehren.

2 Isoldes Augen waren
- a ☐ grün.
- b ☐ blau.
- c ☐ grau.

3 König Marke wollte Isolde heiraten, denn
- a ☐ er wollte Frieden.
- b ☐ er liebte sie.
- c ☐ sie war schön.

4 Tristan versprach seinem Onkel,
- a ☐ Isolde zu heiraten.
- b ☐ Isolde nach Cornwall zu bringen.
- c ☐ Isolde zu töten.

5 Der Drachen
- a ☐ tötete wenige Leute.
- b ☐ wollte Isolde heiraten.
- c ☐ zerstörte Häuser und Bäume.

KAPITEL 3

DER DRACHEN

Tristan blieb in Irland bei König Gurmun und lehrte Isolde
Harfe spielen und singen. Sie wurden gute Freunde. Sie hatten
sich viel zu erzählen und lachten oft. Isolde wurde eine gute
Sängerin und eine noch bessere Harfenspielerin. Sie sang für
ihre Eltern und für die Ritter am Hof.

Nach einem Jahr kehrte Tristan zurück nach Cornwall. König
Marke war froh, seinen Neffen wiederzusehen. Tristan erzählte
seinem Onkel von Isoldes Schönheit.

„Isolde ist das schönste Mädchen der Welt. Und sie ist sehr
nett. Ihr Haar ist blond wie Gold und ihre Augen blau wie das
Meer. Sie spielt gut Harfe und singt schön dazu."

König Marke hörte Tristan aufmerksam zu. Dann überlegte er
laut: „Isolde ist König Gurmuns einzige Tochter. Sie ist schön und
sympathisch. Wenn ich sie heirate, gibt es endlich Frieden
zwischen unseren beiden Ländern."

König Markes Ritter und Adelige waren mit seiner Idee
einverstanden, aber es gab ein Problem.

„Wie könnt Ihr Prinzessin Isolde heiraten?" fragte ein Adeliger.
„Der König und die Königin hassen uns, denn Ritter Morold starb
durch unsere Schuld."

DER DRACHEN

„Er hat Recht", sagte ein anderer Adeliger. König Marke war einen Moment still. Dann sagte er: „Ich will aber Isolde heiraten. Ich will die schönste Ehefrau der Welt haben. Und es wird Frieden zwischen unseren Ländern geben. Wir müssen einen Weg finden."

Er schaute Tristan an, sagte aber nichts. Tristan wusste, was sein Onkel wollte. Tristan sollte nach Irland segeln und für Isolde werben.

„Onkel Marke", sagte Tristan, „das ist ein gefährliches Abenteuer. Wenn die irische Königin entdeckt, wer ich bin, wird sie sehr wütend. Sie hasst den Ritter, der ihren Bruder Morold getötet hat. Aber ich habe keine Angst. Ich werde Euch Isolde bringen und dann heiratet Ihr sie." „Du bist tapfer und treu, Tristan", sagte König Marke. „Aber sei vorsichtig!"

Tristan segelte mit dreißig Männern in einem kleinen Schiff los. In einer stürmischen Nacht kamen sie in Irland an.

„Ich muss einen Plan entwickeln", dachte Tristan. „Ich muss Isolde zu König Marke bringen."

Zu jener Zeit lebte ein schrecklicher grüner Drachen in Irland. Er hatte schon viele Leute getötet und mit dem Feuer aus seinem Rachen [1] Häuser und Bäume angezündet [2]. Niemand konnte ihn besiegen. König Gurmun war sehr besorgt und wusste nicht, was er tun sollte.

Eines Tages sagte er zu seinen Adeligen: „Der Mann, der den Drachen tötet, bekommt meine Tochter zur Frau."

Darüber sprachen nun alle Leute und auch Tristan hörte davon. Ihm war klar: er würde den Drachen töten. Tristan hatte

---

1. **r Rachen,(-)**: Hals (innen) eines großen Tieres.
2. **anzünden**: Feuer machen.

TRISTAN UND ISOLDE

ein mächtiges Schwert, eine lange Lanze und einen großen Schild. Das musste reichen. Er ritt zu dem Tal, wo der Drachen hauste. Überall lagen tote Ritter herum. Sie hatten schon vor ihm versucht, den Drachen zu töten.

Plötzlich tauchte der Drache auf. Er war ein fürchterliches, giftgrünes Monster mit langen gelben Zähnen, bösen roten Augen und einem langen Schwanz. Er spuckte Feuer und Rauch.

„Was für eine hässliche Kreatur", dachte Tristan.

Tristan griff den Drachen mit Lanze und Schwert an. Sie kämpften lange und am Ende konnte Tristan die Bestie wirklich töten. Da lag das Ungetüm nun. Die letzten Atemzüge waren heiß und giftig. Dann ging Tristan zu dem toten Tier, öffnete sein Maul, schnitt die Zunge ab und steckte sie in seine Tasche.

„Die Zunge zeigt, dass ich den Drachen getötet habe", dachte Tristan gerade noch.

Dann fiel er bewusstlos [1] auf den Boden. Das war der giftige Atem des Drachens.

Später kam der Truchsess des Königs zum Drachental. Auch er mochte Isolde sehr und wollte sie heiraten. Aber er war ein Feigling [2] und hatte große Angst vor dem Drachen.

Als der Truchsess den toten Drachen sah, war er sehr zufrieden. „Wunderbar", dachte er, „jemand hat den Drachen schon getötet. Ich sage dem König, dass ich es war und dann kann ich Isolde heiraten. Aber erst muss ich dem toten Drachen den Kopf abschneiden. Den zeige ich dann dem König."

„Eure Majestät", sagte er später am Hofe, „ich habe den grünen Drachen getötet. Hier ist sein Kopf als Beweis. Und jetzt

---

1. **bewusstlos**: ohne Sinne.   2. **r Feigling,(e)**: Person ohne Mut.

Tristan und Isolde

darf ich Eure Tochter, Prinzessin Isolde heiraten, oder?"

Der König wusste, dass der Truchsess ein Feigling war. Er glaubte ihm kein Wort. Aber trotzdem: da lag der Drachenkopf.

Als Isolde davon hörte, begann sie zu weinen und konnte gar nicht mehr aufhören. „Was ist los?" fragte die Königin.

„Ach, Mutter", schluchzte Isolde, „ich mag doch den Truchsess nicht und heiraten will ich ihn schon gar nicht."

„Weine nicht, meine Liebe", sagte die Königin. „Ich glaube nicht, dass der Truchsess den Drachen getötet hat. Komm mit, wir gehen zu dem toten Drachen."

An jenem Abend gingen die beiden Frauen zum Drachental. Dort lag das tote Tier, aber auch Tristan.

„Schau mal, Mutter", rief Isolde. „ Da ist Tantris, der Spielmann. Aber der ist ja wie ein Ritter angezogen. Das verstehe ich nicht."

Tristan hörte Isoldes sanfte Stimme und bewegte langsam seinen Kopf.

„Seid Ihr Tantris?" fragte die Königin.

Vorsichtig öffnete er seine Augen: „Ja, der bin ich."

„Warum seid Ihr in Irland?" fragte die Königin.

„Ich kam mit einigen Händlern", log[1] Tristan.

„Habt Ihr den Drachen getötet?"

„Ja, ich wusste von dem schrecklichen Drachen in Eurem Land. Deshalb habe ich beschlossen, ihn zu töten."

Die Königin begann zu lächeln.

„Tantris, Ihr habt etwas Wundervolles getan und unserem Land geholfen. Der König wird glücklich sein. Aber ich sehe, es geht Euch nicht gut. Der Drachen hat Euch vergiftet. Kommt mit uns. Meine Kräuter werden euch wieder heilen."

---

1. **lügen, log, gelogen**: nicht die Wahrheit sagen.

Textverständnis

1 Was ist richtig (R), was ist falsch (F)?

		R	F
a	Tristan und Isolde verbrachten gern ihre Zeit miteinander.	☐	☐
b	Nach einigen Monaten kam Tristan zurück nach Cornwall.	☐	☐
c	König Marke wollte Isolde heiraten.	☐	☐
d	Tristan wollte König Marke nicht helfen.	☐	☐
e	Tristan kehrte allein nach Irland zurück.	☐	☐
f	Der Drachen hatte viele Leute getötet und Häuser zerstört.	☐	☐
g	Das Drachengift machte Tristan krank.	☐	☐
h	Der Truchsess sagte, er hat den Drachen getötet.	☐	☐
i	Isolde heiratete den Truchsess gern.	☐	☐
j	Die Königin heilte Tristan wieder mit Kräutern.	☐	☐

Wortschatz

1 Ein Kreuzworträtsel für dich.

Waagerecht

2 Gegenteil von *Mut*
6 Gegenteil von *leicht*
8 Du hast keinen Mut und bist ein ...
9 Gegenteil von *gelangweilt*
12
14
15 Gegenteil von *schön*

Senkrecht

1 großes grünes Tier, atmet Feuer
3 Gegenteil von *wunderschön*
4 Adjektiv von *Gift*
5 was dich verletzen kann, ist ...
7 Synonym für *schön*
10 wertvolles Metall
11 kein Sohn, sondern eine ...
13 Adjektiv von *Mut*

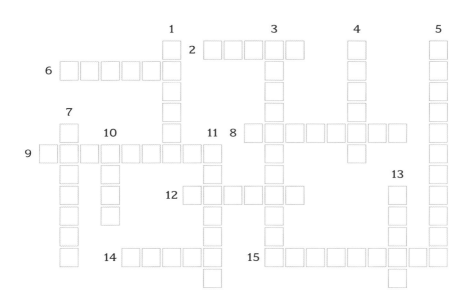

2 Benutze die Wörter aus dem Kreuzworträtsel und ergänze.

a Wer den .... tötet, darf Isolde heiraten.

b Morold ist langsam und ....

c Der grüne Drache ist ....

d Isolde lernt .... spielen.

e Der Truchsess ist ein ....

f Der Atem des Drachen ist ....

g Jeder hat .... vor dem Drachen.

h Isoldes Haar sieht aus wie ....

i Damit schützt sich Tristan vor dem Drachen: ....

j Isolde ist König Gurmuns ....

k Es ist sehr .... für Tristan nach Irland zu gehen.

Grammatik

1 Sätze mit *wenn*. Setze die passenden Verben ein.

Beispiel: Die Königin heilt Tristans Bein, wenn er Isolde Harfe spielen lehrt. (*heilen/lehren*)

a Wenn die Königin ...., wer Tristan ist, ... sehr böse. (*entdecken/werden*)

b Wenn jemand den Drachen ...., dann .... der Isolde heiraten. (*töten/dürfen*)

c Der Truchsess denkt: Wenn ich dem König den Drachenkopf ...., dann .... die Leute, dass ich den Drachen getötet habe. (*zeigen/glauben*)

2 Ergänze die Unterhaltung zwischen Ritter Hans und Ritter Gregor.

Ritter Hans:	Habt Ihr gehört, Ritter Gregor?
Ritter Gregor:	(1) ....
Ritter Hans:	Der Truchsess hat den Drachen getötet.
Ritter Gregor:	(2) ....
Ritter Hans:	Warum nicht?
Ritter Gregor:	(3) ....
Ritter Hans:	Glaubt Ihr das wirklich?
Ritter Gregor:	(4) ....
Ritter Hans:	Und habt Ihr die Vorbereitungen auf der Burg gesehen?
Ritter Gregor:	(5) ....
Ritter Hans:	Sie bereiten ein Bankett zu Ehren des Truchsess vor.

a Das kann doch nicht sein!

b Er kämpft nicht mit einem Drachen. Er ist ein Feigling.

c Ja, was ist denn da los?

d Nein, was ist passiert?

e Ja, ich habe ihn einmal in einer Schlacht gesehen.

Vor dem **Lesen**

1 Höre den Beginn von Kapitel 4 und antworte auf die Fragen. Für jede Frage gibt es drei Bilder. Kreuze die richtige Lösung an.

1 Womit heilte die Königin Tristan?

2 Wer saß an der Tafel?

3 Wer sagte: „Ihr habt nicht den Drachen getötet."

4 Wie hat man den Drachen getötet?

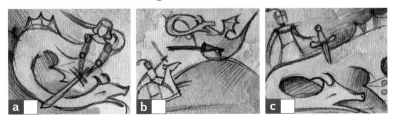

KAPITEL 4

DER TRUCHSESS

Und noch einmal behandelte die irische Königin Tristan mit
ihren Zauberkräutern. Isolde half ihr dabei.

Schon nach einer Woche ging es Tristan viel besser. Er stand
auf, um König Gurmun zu besuchen. Auf der Burg war gerade ein
großes Bankett [1] zu Ehren des Truchsess, der Isolde heiraten
wollte. An der langen Tafel saßen König Gurmun, die Königin,
Ritter und Adelige mit ihren Edelfrauen.

Der Truchsess sprach mit seinen Freunden und erzählte von
seinem Kampf mit dem Drachen.

„Ja, der Kampf", sagte er, „war lang und schrecklich. Angst?
Das Wort kenne ich gar nicht."

Und nach einer Pause: „Ich ging ganz nahe heran an das grüne
Monster und schaute direkt in seine roten Augen. Ich sah die
langen, spitzen Zähne und spürte den heißen Atem auf meinem
Gesicht. Ich wusste, ich musste ihn töten und am Ende gelang [2]
es mir auch. Und dann schnitt ich dem Drachen den Kopf ab."

Der König sagte kein Wort. Aber die Königin stand von der
Tafel auf und zeigte mit dem Finger auf den Truchsess.

1. **s Bankett**: festliches Essen mit vielen Leuten.
2. **gelingen**: etwas schaffen.

TRISTAN UND ISOLDE

„Ihr seid ein Lügner [1] ", rief sie wütend. „Ihr habt nicht den Drachen getötet. Er war schon tot und Ihr habt ihm nur seinen Kopf abgeschnitten."

„Was?" sagte der Truchsess ärgerlich.

„Ich habe den Drachen getötet", rief da Tristan und stand auf. „Mit meiner Lanze und nach einem langen Kampf. Und Ihr, Truchsess, seid ein elender Feigling."

Nun stand auch der Truchsess auf. „Jeder hier weiß, dass ich ein mutiger Ritter bin", rief er in die Runde. „Ich brachte dem König den Drachenkopf."

„Ach ja?" antwortete die Königin, „dann schaut doch mal in sein Maul."

Der Truchsess öffnete das Maul des Drachens.

„Da ist ja keine Zunge mehr", rief er verwundert.

„Natürlich", sagte Tristan ganz ruhig. Alle schauten ihn erstaunt an. Er öffnete seine Ledertasche und zog die Drachenzunge heraus.

„Oh!" riefen alle und waren sprachlos. Und dann zum Truchsess: „Lügner! Feigling!"

Aber der ließ sich nicht aus der Ruhe bringen und schaute Tristan fest an: „Nein, Ihr seid ein Lügner. Schlimmer, Ihr seid ein Dieb [2]. Ich habe den Drachen getötet und Ihr habt die Zunge gestohlen. Kämpft mit mir und wir werden sehen, wer Prinzessin Isolde heiratet!"

„Nun gut", sagte Tristan, „Ich kämpfe mit Euch und ich werde gewinnen."

„Nun schaltete sich auch König Gurmun ein. „In drei Tagen gibt es ein Turnier. Der Gewinner wird meine Tochter Isolde heiraten."

---

1. **r Lügner,(-):** sagt nicht die Wahrheit.
2. **r Dieb, e:** jemand nimmt etwas, das ihm nicht gehört.

Die Nachricht von dem Turnier war eine Sensation. Alle redeten aufgeregt durcheinander.

„Wer, glaubst du, wird gewinnen?" fragte einer der Adeligen.

„Ich weiß es nicht, aber beide sind jung und kräftig", antwortete sein Nachbar.

„Das wird ein toller Kampf", sagte ein junger Ritter.

„Und stellt Euch vor, der Gewinner bekommt Prinzessin Isolde zur Frau!" antwortete eine Edelfrau.

Am Morgen des Turniers ging Tristan in den Stall, um sein Pferd zu satteln. Isolde wollte Tristan einige Kräuter ihrer Mutter bringen. Sie ging in sein Gemach[1], aber er war nicht da. Neugierig schaute sich Isolde um. Tristans großes Schwert lag auf dem Tisch.

„Wie komisch", dachte sie, „am Schwert fehlt ein kleines Stück." Und dann fiel ihr die blaue Schatulle ein, von der ihre Mutter erzählt hatte.

„Oh, nein", dachte Isolde, „hat dieses Schwert etwa meinen Onkel getötet?"

Sie rannte zum Gemach ihrer Mutter und holte die blaue Schatulle hervor. Vorsichtig machte sie sie auf. Da lag das kleine Stück Metall. Isolde verglich es mit dem fehlenden Teil vom Schwert. „Ganz klar", sagte sich Isolde, „das Stück ist von Tristans Schwert. Ich muss das sofort meiner Mutter sagen."

Schnell lief sie zur Königin.

„Mutter", rief Isolde aufgeregt, „komm mit in Tantris Gemach. Tantris ist kein Spielmann. Er ist Ritter Tristan von Lyonesse. Der, der Onkel Morold getötet hat. Schau Dir sein Schwert an."

„Du hast recht, Isolde", sagte die Königin und war sehr überrascht. „Das ist das Schwert, das Morold getötet hat."

1. s Gemach,("er): (antik) Zimmer.

Isoldes Gesicht war rot vor Ärger. „Und mit diesem Schwert
werde ich jetzt Tristan töten."

„Nein, tu das nicht, Isolde!" schrie die Königin. „Tristan gegen
Morold, das war ein fairer Kampf. Er ist ein mutiger Ritter und
ein guter Mann. Lasst uns mit ihm reden."

Tristan kam in sein Gemach zurück. Die Königin und Isolde
warteten schon auf ihn. Tristan sagte ihnen die Wahrheit.

„Ja, ich bin Tristan von Lyonesse. Mein Onkel ist König Marke

von Cornwall, ein reicher und wichtiger König. Er schickte mich
hier her, denn er will Isolde heiraten und Frieden in unsere
Länder bringen."

Die Königin hörte Tristan aufmerksam zu und sagte: „Ihr kamt
nach Irland aus einem hehren [1] Grund. Auch wir möchten
Frieden. Eine Hochzeit zwischen unseren beiden Familien, das ist
eine gute Idee."

---

1. **hehr**: edel.

TRISTAN UND ISOLDE

„Aber Mutter", unterbrach Isolde die Königin, „Tristan hat meinen Onkel Morold getötet."

„Morold war mein Bruder und ich liebte ihn sehr", antwortete die Königin, „aber wir müssen die Vergangenheit hinter uns lassen und an die Zukunft unserer Länder denken."

„Ihr seid eine weise Königin", sagte Tristan.

Isolde sagte nichts.

Dann schaute die Königin ihre Tochter an und lächelte: „Meine liebe Isolde, König Marke ist ein großartiger König und du wirst Königin, Königin von Cornwall. Du wirst glücklich mit ihm werden."

„Aber er ist so viel älter als ich", sagte Isolde weinerlich.

„König Marke ist nicht alt", sagte nun Tristan. „Er ist groß und sieht gut aus. Er ist kein Feigling wie der Truchsess. Er ist sehr mutig."

„Hast du das gehört, Isolde?" fragte die Königin.

Isolde schaute ihre Mutter fragend an: „Werde ich ihn lieben?"

„Aber natürlich wirst du ihn lieben, mein Kind", sagte die Königin ruhig, aber bestimmt. Dabei schaute sie ihre Tochter nicht an.

Isolde lächelte.

„Aber zuerst muss Tristan das Turnier gewinnen", sagte dann die Königin. „Sonst musst du wirklich den Truchsess heiraten."

„Ich werde kämpfen und ich werde gewinnen."

„Ja, bitte, Tristan!" rief Isolde. „Ich will nicht den Truchsess heiraten. Er ist ein Lügner und ein Feigling."

Textverständnis

❶ Weißt du die Antwort? Kreuze an. A (Richtig), B (Falsch) C (Keine Angabe).

1   Nach einer Woche ging es Tristan besser.

a ☐   b ☐   c ☐

2   Isolde wollte den Truchsess heiraten.

a ☐   b ☐   c ☐

3   Der Truchsess sagte, dass er den Drachen getötet hat.

a ☐   b ☐   c ☐

4   Tristans Tasche war grün.

a ☐   b ☐   c ☐

5   Der Truchsess gab zu, dass er den Drachen nicht getötet hat.

a ☐   b ☐   c ☐

6   Isolde war sehr ärgerlich, als sie erfuhr, dass Tristan ihren Onkel getötet hatte.

a ☐   b ☐   c ☐

7   König Marke war vierzig Jahre alt.

a ☐   b ☐   c ☐

8   Isolde wollte Königin von Cornwall werden.

a ☐   b ☐   c ☐

Grammatik

❶ Das Futur: *werden* plus Infinitiv. Suche alle Sätze in Kapitel 4 im Futur.

2 Setze diese Sätze ins Futur.

a Wir denken an die Zukunft unserer Länder.

....

b Der Truchsess öffnet das Maul des Drachen.

....

c Isolde rennt zum Gemach ihrer Mutter.

....

d Die Königin und Isolde warten auf Tristan.

....

e Isolde sagt nichts.

....

Vor dem Lesen

1 Bilderlesen. Schau dir die Bilder von Seite 51 an und beantworte die Fragen.

a Was siehst du? Was ist wohl passiert?

b Wie fühlt sich wohl Isolde?

c Was passiert wohl als nächstes?

2 Welcher Satz passt zu welchem Bild?

a ☐ Tristan und Isolde verlieben sich.

b ☐ Die Königin hat einen Liebestrank für Isolde und König Marke vorbereitet.

c ☐ Tristan hat das Turnier gewonnen.

d ☐ Tristan und Isolde haben Wein aus einer grünen Flasche getrunken.

3 Höre nun Kapitel 5 und bringe die Bilder 1-4 in die richtige Reihenfolge.

a .... b .... c .... d ....

KAPITEL 5

DIE GRÜNE FLASCHE

Das Turnier begann früh am Nachmittag. Hunderte von
Leuten schauten zu. König Gurmun, die Königin und Isolde saßen
auf den Ehrenplätzen. Isolde war sehr aufgeregt. Beide Ritter
trugen eine schwere Rüstung. Der Truchsess ritt ein schwarzes
Pferd, Tristans Pferd war weiß. Der Kampf konnte beginnen.

Ein Schlag folgte dem anderen. Der Truchsess kämpfte wacker [1]
Er wollte doch unbedingt Isolde heiraten. Am Ende jedoch war
Tristan stärker. Tristan gewann das Turnier, der Truchsess war
verwundet.

„Hurra, Hurra", schrien die Zuschauer. „lang lebe Tristan!"

Nun konnte also Tristan Isolde zu seinem Onkel, König Marke,
bringen.

Die Königin liebte ihre Tochter sehr. Sie sollte mit König Marke
glücklich sein. „Isolde muss sich in König Marke verlieben", dachte
sie, „dann geht alles leichter und sie wird glücklich." Ich werde einen
Liebestrank für die beiden vorbereiten. Wenn sie den trinken,
werden sie sich für immer und ewig lieben.

Die Königin lief schnell zu ihrem Garten und pflückte einige

---

1. **wacker:** eifrig, mutig.

TRISTAN UND ISOLDE

Blätter von ihren Kräutern. Dann bereitete sorgfältig den Trank vor. Danach rief sie ihre Nichte, Brangäne. Sie war Isoldes Kammerfrau und Freundin: „Hör zu, Brangäne", sagte die Königin. „Du wirst mit Isolde nach Cornwall gehen. Das Schiff läuft morgen aus[1]. Am Tag der Hochzeit musst du Isolde und König Marke diese grüne Flasche geben. Sag ihnen, sie sollen diesen exzellenten Wein trinken. Mein Hochzeitsgeschenk wird ihnen Glück bringen. Vergiss nicht, Brangäne, beide müssen es trinken. Denn dann werden sie ein Leben lang einander lieben. Hast du das verstanden?"

„Ja, Majestät", sagte Brangäne und verließ das Gemach der Königin mit der grünen Flasche in der Hand.

Am nächsten Tag lief Tristans Schiff aus. Die Reise dauerte viele Tage. Die See war stürmisch und Isolde verbrachte den ganzen Tag unter Deck[2]. Tristan besuchte sie oft und erzählte ihr viele Geschichten aus dem alten Cornwall. Isolde hörte gerne Tristans Geschichten.

Brangäne war wegen des stürmischen Wetters seekrank und blieb in ihrer Kabine unter Deck.

Eines Abends spielten Tristan und Isolde Harfe und sangen dazu. Tristan war durstig. „Gibt es hier irgendetwas zu trinken?" fragte er. „Brangäne hat eine Flasche Wein mitgebracht", sagte Isolde und zeigte auf die grüne Flasche im Regal. „Möchtest du probieren?"

„Hmm ... ja, gerne", sagte Tristan.

Isolde nahm zwei goldene Becher. Dann tranken sie den Wein. Sie wussten nicht, dass es der Liebestrank der Königin war.

Die grüne Flasche war bald leer. Tristan und Isolde redeten und

---

1. **auslaufen**: (*für Schiffe*) starten.
2. **unter Deck**: im Innern des Schiffes.

TRISTAN UND ISOLDE

lachten. Was war los mit ihnen? Sie schauten sich gegenseitig an. Waren sie etwa ineinander verliebt?

Am Abend wurde die See endlich ruhig und Brangäne begann, sich wohler zu fühlen. Sie ging in Isoldes Kabine. Sofort sah sie die leere Flasche und die beiden goldenen Becher. Brangäne wurde es ganz kalt vor Angst.

„Das ist ja schrecklich", dachte sie. „Beide haben den Liebestrank getrunken und werden bis zu ihrem Tod unglücklich sein. Sie dürfen auf keinen Fall die Wahrheit erfahren. Oh, warum musste das passieren?"

In der Nacht nahm Brangäne die grüne Flasche und warf sie in die See.

Am nächsten Morgen besuchte Tristan Isolde.

„Isolde", sagte Tristan mit zärtlicher Stimme. „Letzte Nacht ist etwas passiert. Ich ... ich habe mich in dich verliebt."

„Oh, Tristan", sagte Isolde und lächelte „mir ist dasselbe passiert. Ich habe mich auch in dich verliebt."

Beide schauten sich tief in die Augen. Dann umarmten und küssten sie sich.

„Unsere Liebe ist unmöglich, Tristan", sagte dann Isolde traurig. „Ich muss doch König Marke heiraten."

„Ja, ich weiß", sagte Tristan traurig. „König Marke ist mein Onkel und ich liebe ihn wie meinen eigenen Vater. Aber dich, süße Isolde, liebe ich mehr als alles andre auf der Welt."

„Genießen wir zusammen diese wunderbaren Tage auf See", sagte Isolde.

„Es sind die einzigen Tage, die uns bleiben", sagte Tristan. „Wenn wir in Cornwall ankommen, ist unser Glück zu Ende."

„Nein", sagte Isolde mit fester Stimme und nahm Tristans Hand.

„Nie wird unser Glück enden."

54

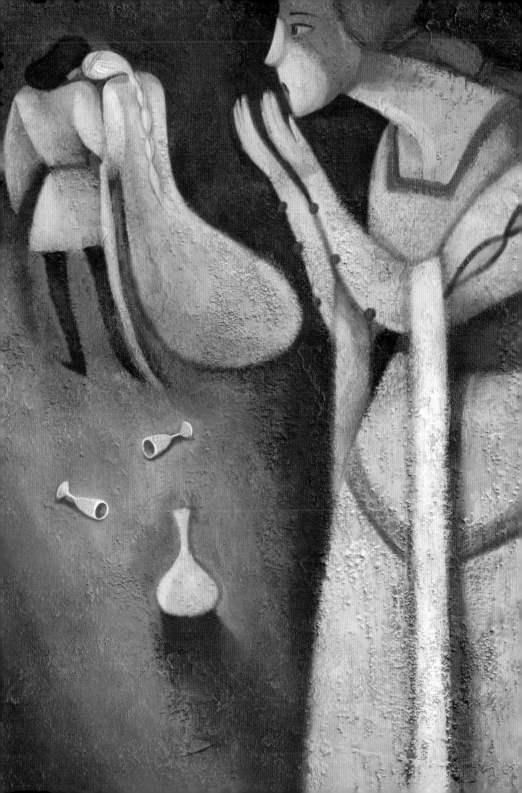

Textverständnis

1 Zusammenfassung. Bringe die Sätze in die richtige Reihenfolge.

a ☐ Brangäne war seekrank.

b ☐ Brangäne sagte Tristan und Isolde nichts von dem Zaubertrank.

c ☐ Die Königin gab Brangäne den Zaubertrank.

d ☐ Das Wetter war stürmisch.

e ☐ Tristan gewann das Turnier gegen den Truchsess.

f ☐ Tristan und Isolde umarmten und küssten sich.

g ☐ Sie tranken den Wein und verliebten sich.

h ☐ Tristan und Isolde spielten Harfe und sangen.

i ☐ Tristan war durstig und Isolde nahm die grüne Flasche.

j ☐ Die Königin bereitete einen Zaubertrank für König Marke und Isolde vor.

2 Ergänze die Lücken im Brangänes Brief an eine Freundin.

Liebe Edelgard,

(0)..........a......... Schreckliches ist passiert! Ich (1)................. nicht, was ich tun soll. Die Königin gab mir (2)................. Liebestrank und sagte, ich sollte ihn König Marke und Isolde zu ihrer (3)................. schenken. Aber (4)................. der Fahrt nach Cornwall tranken Tristan und Isolde den Wein. Nun sind sie (5)................. : Ich habe Angst, das der Königin zu erzählen, denn sie wird (6)................. auf mich sein.

Ich habe die Flasche in die See (7)................. . Was soll ich jetzt tun?

Deine Brangäne

0	a Etwas	b einiges	c nichts
1	a weine	b weiß	c werde
2	a ein	b eine	c einen
3	a Geburtstag	b Hochzeit	c Kommunion
4	a auf	b in	c an
5	a verlobt	b verliebt	c verheiratet
6	a böse	b eifersüchtig	c stolz
7	a getan	b geworfen	c geholt

3 Protagonisten.
Welche Beschreibung a-j passt zu welchem Protagonisten 1-7.
(Mehrere Möglichkeiten).

Dieser Protagonist ...

a ☐ sagte, dass er den Drachen getötet hat.
b ☐ wollte Frieden zwischen Irland und Cornwall.
c ☐ wurde seekrank.
d ☐ glaubte nicht, dass der Truchsess den Drachen getötet hat.
e ☐ wollte Tristan töten.
f ☐ bat Tristan, Isolde Harfe spielen zu lehren.
g ☐ wollte, dass Isolde glücklich ist.
h ☐ sagte niemand etwas von dem Liebestrank.
i ☐ liebte Tristan wie seinen eigenen Sohn.
j ☐ wusste, dass Tristan ein mutiger Ritter ist.

1 Tristan	5 Brangäne
2 Isolde	6 König Marke
3 Der Truchsess	7 König Gurmun
4 Die Königin von Irland	

Grammatik

1 Bilde Superlative aus den Adjektiven in der Liste. Achte auf die Endung.

giftig   mutig   schön   stark   weise

a   Tristan war der .... Ritter aller Zeiten.

b   Ritter Morold war der .... Krieger von Irland.

c   Die Königin war die .... Frau im ganzen Königreich.

d   Der Drachen war das .... Tier auf der ganzen Welt.

e   Isolde war das .... Mädchen im ganzen Königreich.

2 Ergänze die Unterhaltung zwischen Ritter Gregor und Ritter Hans und setze den richtigen Superlativ ein.

Ritter Gregor: „Weißt du, wer der .... Ritter an König Markes Hof ist?"

Ritter Hans: „Keine Ahnung, aber ich weiß, wo der .... Drachen aller Zeiten haust."

Ritter Gregor: „Wo denn?"

Ritter Hans: „In Irland. Da, wo auch die .... Königin lebt."

Ritter Gregor: „Ach so, die Mutter von Isolde, dem .... Mädchen im Königreich."

Ritter Hans: „Ja, und Tristan, der .... Ritter aller Zeiten wird sie heiraten."

Ritter Gregor: „Na, so was!"

Wortschatz

1 Alle reden vom Wetter. Welches Wort passt zu welchem Bild?

nebelig   regnerisch   sonnig   windig   wolkig

1 [ ]   2 [ ]   3 [ ]   4 [ ]   5 [ ]

Vor dem **Lesen**

1 Hypothesen. Was passiert als nächstes?

a [ ] Tristan und Isolde werden zusammen weggehen.

b [ ] Isolde wird König Marke heiraten.

c [ ] König Marke wird Tristans und Isoldes Liebe entdecken und Isolde nicht heiraten.

d [ ] König Mark wird Tristans und Isoldes Liebe entdecken und beide töten.

e [ ] Oder?

2 Schau dir das Bild auf Seite 63 an.

a Was siehst du?

b Was sagen wohl die beiden Protagonisten?

KAPITEL **6**

KÖNIGIN ISOLDE VON CORNWALL

Tristans Schiff erreichte die Burg Tintajol in Cornwall. Kurz vorher verabschiedeten [1] sich Tristan und Isolde voneinander.

„Ich werde dich immer lieben, süße Isolde", sagte Tristan. „mein Herz schlägt nur für dich."

„Auch in meinem Herzen ist nur für dich Platz", antwortete Isolde und umarmte Tristan zum letzten Mal.

Als König Marke Isolde sah, war er geblendet von ihrer Schönheit und der sanften Stimme. Es war für ihn Liebe auf den ersten Blick.

Isolde wurde Markes Frau und damit Königin von Cornwall. Die Hochzeit war ein großes Fest mit Musik und Tanz. Es dauerte mehrere Tage. Die Leute von Cornwall mochten die neue Königin. Auch König Marke war sehr glücklich mit Isolde. Isolde aber nicht mit ihm. Denn sie liebte nur Tristan.

---

1. **sich verabschieden**: auf Wiedersehen sagen.

Ein Jahr später. Es war Frühling. Isolde wollte mit Brangäne und anderen Adeligen im Wald jagen.

König Marke rief Tristan und sagte: „Isolde und Brangäne wollen heute im Wald jagen. Sie sollen nicht allein gehen. Das ist gefährlich. Geh mit und pass auf sie auf. Ich traue nur dir, Tristan."

Tristans Herz schlug schneller, als er Isoldes Namen hörte.

„Sehr gut, Onkel Marke", antwortete er. „Ich gehe mit jagen"

Auf der Jagd trennen sich die Wege von Isolde und den anderen.

Isolde und Tristan waren plötzlich allein. Sie rasteten [1] an einem kleinen Fluss. Sie waren noch immer ineinander verliebt.

„Endlich allein, meine süße Isolde", seufzte Tristan.

„Ach Tristan", seufzte auch Isolde und schaute Tristan tief in die Augen. „Unsere Liebe ist unrecht."

„Ich weiß, unrecht und unmöglich", sagte Tristan, „aber du bist in meinem Herzen und wirst dort immer bleiben. Meine Liebe ist stärker als meine Treue gegenüber dem König ..."

Isolde konnte kaum sprechen vor Rührung [2]. Eng umarmt saßen sie bis zur Dämmerung [3] am Fluss.

Danach trafen sich die beiden noch oft am Fluss. Eines Tages kamen einige Adelige von König Markes Hof und sahen Tristan und Isolde. Sie waren neidisch auf Tristan, denn er war der tapferste Ritter von ganz Cornwall.

Die Adeligen gingen zu König Marke.

„Majestät, vertraut nicht Tristan und Königin Isolde", sagte einer der Adeligen. „Ich habe die beiden am Fluss im Wald gesehen."

---

1. **rasten**: eine Pause machen.
2. **e Rührung, X**: e Emotion.
3. **e Dämmerung**: die Sonne geht unter.

TRISTAN UND ISOLDE

„Mein Neffe und meine Frau sind gute Freunde. Nicht mehr und nicht weniger", sagte König Marke dazu. „Ich vertraue beiden."

„Sie sind mehr als gute Freunde, Majestät", sagte ein anderer Adeliger.

„Hört auf mit diesen bösen Dingen über meinen Neffen und meine Frau", antwortete König Marke jetzt sehr ärgerlich.

Tristan und Isolde trafen sich weiter im Wald. Eines Tages sah sie der Zwerg Melot, der am Hof lebte. Melot war ein böser Mensch. Er hasste Tristan. Sofort ging er zu König Marke.

„Ich habe Tristan und die Königin wieder im Wald gesehen."

„Ich glaube dir nicht, Melot", sagte König Marke. „Du bist ein Lügner."

„Dann kommt schnell mit und seht selbst", antwortete der Zwerg.

König Marke setzte sich auf sein Pferd und folgte Melot in den Wald. Sie versteckten sich hinter einigen Bäumen. Dann sahen sie Tristan und Isolde am Fluss. Tristan streichelte Isoldes langes, blondes Haar.

Jetzt glaubte König Marke dem Zwerg und wurde sehr wütend. Noch am gleichen Abend rief er seine Adeligen. Er war sehr böse.

„Tristan ist ein Verräter [1] ", schrie König Marke. „Ich liebte ihn wie meinen eigenen Sohn und lehrte ihn alles, was ein Mann und Ritter wissen muss. Ich vertraute ihm und ich vertraute Königin Isolde. Tristan muss sterben."

König Marke hatte Tränen in den Augen.

---

1. **r Verräter,(-)**: Person, die nicht loyal oder treu ist.

TRISTAN UND ISOLDE

„Nein", sagte der älteste der Adeligen. „Wir mögen Tristan nicht, aber er ist ein tapferer Ritter. Vielleicht brauchen wir ihn in der Zukunft für Kämpfe. Er ist der beste Ritter, den wir haben. Und die Leute von Cornwall lieben ihn. Er ist ihr Held. Wenn Ihr ihn tötet, wird das Volk böse. Schickt ihn weg vom Hof. Und wenn wir ihn für Kämpfe brauchen, rufen wir ihn wieder."

„Ihr habt recht", sagt König Marke. „Er muss sofort Cornwall verlassen. Er darf Isolde nie wieder sehen. Die Königin ist noch jung. Sie wird Tristan bald vergessen."

König Marke schickte Tristan fort aus Cornwall und Isolde war sehr traurig. Sie schloss sich in ihr Gemach ein und weinte bitterlich. Sie konnte Tristan einfach nicht vergessen.

Tristan verließ also Cornwall und war sehr unglücklich. Er wollte nicht mehr länger Ritter sein, denn er hatte ja keinen König mehr, dem er dienen konnte. Er war nun ganz allein auf der Welt. Er beschloss, Spielmann zu werden und zog von Burg zu Burg. Er spielte Harfe und sang dabei die Geschichte von seiner Liebe zu Isolde.

***

Die Geschichte des Spielmanns war zu Ende. Es war still im großen Saal von König Artus Burg.

Textverständnis

1 **Welche Antwort ist richtig? Kreuze an.**

1   Als Tristan und Isolde in Cornwall ankamen,
   a   ☐   rannten sie zusammen weg.
   b   ☐   verabschiedeten sie sich von Brangäne.
   c   ☐   küssten und verabschiedeten sie sich.

2   König Marke bat Tristan mit Isolde zusammen zu jagen, denn
   a   ☐   Tristan sollte auf sie aufpassen.
   b   ☐   Tristan und Isolde sollten allein sein.
   c   ☐   Tristan jagte gern.

3   Einige Adelige warnten König Marke vor Tristan und Isolde, denn
   a   ☐   König Marke
   b   ☐   Tristan
   c   ☐   Isolde
   war ihnen unsympathisch.

4   Als König Marke Tristan und Isolde sah,
   a   ☐   küssten sie sich.
   b   ☐   streichelte Tristan Isoldes Haar.
   c   ☐   stritten sie.

5   König Marke beschloss, Tristan
   a   ☐   zu töten.
   b   ☐   wegzuschicken.
   c   ☐   zu ermahnen.

6   Tristan wurde später ein
   a   ☐   Ritter.
   b   ☐   Spielmann.
   c   ☐   Bettler.

Wortschatz

1 Trage die Lösung der Definitionen in das Kreuzworträtsel ein.

Waagerecht

2 schützt den Ritter beim Kampf

4 an die Treue einer Person glauben

5 Person, die etwas gegen den König oder gegen das Land tut

Senkrecht

1 wachsen im Garten und können heilen

3 Sport, bei dem man Tiere tötet

6 Mann, der auf einem Pferd kämpft

Schreiben

1 Du bist Tristan. Bevor du Cornwall verlässt, darfst du deiner Geliebten auf einem Zettel eine letzte Nachricht hinterlassen. (25-35 Wörter).

König Artus
in Büchern und Filmen

Gab es König Artus und seine Tafelrunde wirklich?

Der wallisische Mönch Nennius schrieb 830 über einen Artus, der gegen die Sachsen kämpfte. Das war historisch möglich. Denn die Römer verließen England in der ersten Hälfte des 5. Jahrhunderts, als die Sachsen aus dem heutigen Dänemark und Norddeutschland kamen. Kämpfte Artus gegen sie?

Ob Fakt oder Fiktion, unsere Geschichte von Tristan und Isolde spielt in der Zeit von König Artus. Zu den Artus-Geschichten gehört auch die von Ritter Lancelot, der Artus Frau Guinevere liebte. Eine

Clive Owen in *King Arthur* (2004).

weitere berühmte Artus-Geschichte handelt von Ritter Gawain und dem Zauberer Merlin. Artus selbst ist nur in zwei Momenten der wahre Protagonist. Als er als Kind das Schwert Excalibur aus dem Stein zieht und als er stirbt.

Zuerst erzählt 1136 Geoffrey of Monmouth in *Historia Regum Britanniae* die Artus-Geschichte. Die war da noch auf Latein. Danach bearbeiteten viele englische und französische Schriftsteller den Artus-Stoff, zum Beispiel Chrétien de Troyes. Im deutschen Sprachraum beschäftigten sich Hartmann von Aue und Wolfram von Eschenbach mit der Artus-Epik. Auch im Simplicius Simplicissimus von Johann Jacob Cristoph von Grimmelshausen gibt es einen Verweis auf König Artus.

Artus-Geschichten sind auch heute noch ein spannender Lesestoff und nicht nur für Kinder. Ein Bestseller von 1982, *Die Nebel von Avalon*, von Marion Zimmer Bradley, wurde 2001 ein gleichnamiger Film.

Nigel Terry und Helen Mirren in *Excalibur*.

Sean Connery (l.) und Richard Gere (r.) in *Der erste Ritter*.

Für die Filmindustrie war und ist König Artus ein tolles Thema:

1953   *Die Ritter der Tafelrunde* (GB, R: Richard Thorpe),
       Abenteuerfilm nach Thomas Malorys *Le Morte d'Arthur* (1485),
       erneut 1981 als *Excalibur* (USA, GB, R: John Boormann).

1974   *Lancelot, Ritter der Königin* (Frankreich, R: Robert Bresson),
       Drama zwischen Lancelot und Guinevere.

1975   *Die Ritter der Kokosnuss* (GB, R: Terry Gilliam, Terry Jones),
       die Artus-Legende und Gralssuche als Komödie.

1995   *Der erste Ritter* (USA, R: Jerry Zucker), Dreiecksgeschichte
       zwischen König Artus, Guinevere und Lancelot.

2004   *King Arthur* (USA, R: Antoine Fuqua), historische Hintergründe
       der Artus-Sage.

2006   *Merlin 2 – Der letzte Zauberer* (USA, R: David Wu) als
       Fortsetzung des TV-Films *Merlin* (1998)

2006   *The Da Vinci Code – Sakrileg* (USA, R: Ron Howard), Thriller nach
       Dan Browns Bestseller *Sakrileg* (2004) um den Heiligen Gral.

Und für Computerfreaks:

Tomb Raider – Legend. Lara Croft sucht auf der Welt verstreute Teile des Schwertes Excalibur, um es wieder zusammenzusetzen.

KAPITEL 7

TRISTAN VON LYONESSE

König Artus sah ihn an und sagte: „Spielmann, woher kennt
Ihr die Geschichte von Tristan und Isolde?"

Da stand der Spielmann stand auf und sagte: „Weil ich
Tristan von Lyonesse bin!"

In der Halle wurde es wieder ganz still. Alle waren sprachlos
vor Überraschung.

Auch König Artus stand auf: „Willkommen auf Camelot, Tristan,
und willkommen in der Tafelrunde! Vor vielen Jahren sagte der
Zauberer Merlin: „Eines Tages wird Ritter Tristan zur Tafelrunde
gehören." Er hatte recht. Schaut, dort ist ein Stuhl mit Eurem
Namen, neben Ritter Lancelot. Setzt Euch, Ritter Tristan! Heute
ist ein wichtiger Tag, denn die Tafelrunde bekommt einen
weiteren, tapferen Ritter."

„Das ist eine große Ehre für mich", sagte Tristan und setzte
sich. „Habt Dank, König Artus."

Die anderen Ritter klatschten laut.

So wurde Ritter Tristan ein wichtiges Mitglied der Tafelrunde.
Die anderen Ritter mochten ihn, denn er war tapfer, nett und
treu. Und nur solche Ritter durften an der Tafelrunde sitzen.

TRISTAN VON LYONESSE

Tristan kämpfte für König Artus in vielen Kriegen und Schlachten. Dabei erlebte er zahlreiche Abenteuer im Königreich. Trotzdem war er immer traurig und konnte Isolde einfach nicht vergessen. Er dachte immer an sie. Tag und Nacht.

Die Jahre vergingen und eines Tages fuhr Tristan nach Britannien in Frankreich. Dort traf er die Tochter des Herzogs von Arundel. Sie hieß auch Isolde. Isolde Weißhand. Sie war jung, schön und Tristan mochte sie sofort.

„Warum gefällt mir Isolde Weißhand?" dachte er. „Ist es ihr Lächeln oder ihre Stimme? Sind es die schönen weißen Hände oder ist es ihr Name? Bin ich etwa verliebt in sie?"

Tristan wusste keine Antwort auf diese Fragen. Aber er wollte Isolde Weißhand heiraten.

Isolde wurde eine gute Ehefrau und Tristan ein treuer Ehemann. Aber er war nicht glücklich, denn er konnte Königin Isolde immer noch nicht vergessen. Sie war seine erste und einzige Liebe.

Isolde Weißhand wusste das. Sie war eifersüchtig.

„Warum liebt mich Tristan nicht, wie ich ihn liebe?" dachte sie.

Eines Tages kämpfte Tristan in einer Schlacht, um dem Bruder seiner Frau, Kaedin, zu helfen. Es war eine lange und schreckliche Schlacht. Ein giftiger Speer verwundete Tristan. Er konnte nicht mehr laufen und musste lange Zeit liegen. Trotzdem ging es ihm nicht besser, im Gegenteil.

„Ich bin sehr krank", sagte Tristan zu Kaedin. „Ich werde wohl bald sterben."

„Oh nein, Tristan", sagte Kaedin. „Sagt das nicht. Ihr habt mir bei der Schlacht geholfen. Jetzt helfe ich Euch. Sagt mir, was ich für Euch tun kann."

TRISTAN UND ISOLDE

„Nur Königin Isolde von Cornwall kann meine Wunden heilen, denn der Speer war vergiftet. Sie lernte die Geheimnisse der Zauberkräuter von ihrer Mutter."

„Dann will ich sofort nach Tintajol fahren und Königin Isolde fragen, ob sie herkommt und Euch heilt."

„Oh, Kaedin, habt Dank", sagte Tristan. „Wenn Isolde mitkommt, setzt das weiße Segel. Wenn sie nicht mitkommt, setzt das schwarze Segel."

„Sehr gut", antwortete Kaedin. „Ich laufe noch diesen Abend aus."

Isolde Weißhand hatte die Unterhaltung gehört. Sie war eifersüchtig und sehr böse auf Tristan.

Kaedin segelte nach Cornwall und erzählte König Marke und Königin Isolde von Tristans Wunde.

„Ich muss zu ihm und seine Wunde mit den Zauberkräutern heilen", sagte Königin Isolde. „Nur ich kann sein Leben retten."

König Marke schaute seine Frau lange an. Dann sagte er. „Die Zeit lässt viele Dinge vergessen. Ich glaube, ich kann dir nun vertrauen, Isolde. Gehe und heile Tristans Wunde."

„Ja," sagte Königin Isolde ruhig. „du kannst mir vertrauen."

Isolde verließ Cornwall zusammen mit Kaedin noch am gleichen Tag. Sie hatte viele Kräuter bei sich. Als das Schiff sich Tristans Burg näherte, setzte Kaedin das weiße Segel. Tristan war aber zu schwach, um aufzustehen und aus dem Fenster zu schauen.

Er rief seine Frau und sagte: „Schau aus dem Fenster. Kaedins Schiff wird bald da sein. Kannst du es sehen?"

Isolde Weißhand lief zum Fenster und sah Kaedins Schiff mit dem großen, weißen Segel.

TRISTAN UND ISOLDE

„Oh, Gott", dachte sie. „Das weiße Segel. Königin Isolde ist an Bord."

Und dann: „Ja, Tristan, ich sehe Kaedins Schiff am Horizont."

„Welche Farbe hat das Segel?" fragte Tristan schwach.

„Das Segel ist ... schwarz", antwortete Isolde Weißhand.

„Isolde, Isolde, meine Geliebte", sagte Tristan tieftraurig „du bist nicht gekommen. Nie werde ich mehr dein wunderschönes Antlitz [1] sehen. Liebste, liebste Isolde."

Und dann schloss Tristan seine Augen und war tot.

Später kam Königin Isolde in Tristans Gemach und sah den Toten. Sie setzte sich an sein Bett, streichelte ihm über das Gesicht und schaute ihn zum letzten Mal an.

Sie war so traurig, dass ihr Herz brach. Isolde starb wenig später.

„Was habe ich nur getan?" rief Isolde Weißhand verzweifelt. „Meine Eifersucht hat beide getötet."

Aber für Reue war es nun zu spät.

Man legte Tristan und Isolde in ein gemeinsames Grab. Darauf pflanzte Isolde Weißhand zwei Rosensträucher, einen mit weißen und einen mit roten Blüten. Die Rosensträucher wuchsen so fest zusammen, dass sie aussahen wie einer.

Weiße und rote Rosenblüten schmücken noch heute das Grab der beiden Liebenden, Ritter Tristan von Lyonesse und Königin Isolde von Cornwall.

---

1. s Antlitz: (*antik*) Gesicht.

Textverständnis

1 Was ist richtig? Was ist falsch?

                                                        R   F

a Der Spielmann war Ritter Tristan von Lyonesse.

b Lancelot sagte, Tristan sollte Ritter der Tafelrunde werden.

c Ritter Tristan wurde Ritter der Tafelrunde, aber die anderen mochten ihn nicht.

d Tristan heiratete Isolde Weißhand, denn er liebte sie.

e Tristan vergaß Königin Isolde.

f Isolde Weißhand liebte ihren Mann sehr.

g Tristan war verwundet und brauchte Königin Isoldes Zauberkräuter.

h König Marke wollte nicht, dass Isolde zu Tristan fuhr.

i Isolde Weißhand sagte Tristan, dass Königin Isolde nicht kam.

j Königin Isolde kam und umarmte Tristan.

k Isolde Weißhand bereute, was sie getan hatte.

l Die Geschichte hat ein Happyend.

2 Protagonisten. Wer sagt was?

a „Du bist nun Ritter der Tafelrunde." ....

b „Willst du mich heiraten?" ....

c „Ich brauche Königin Isoldes Hilfe." ....

d „Ich will nach Cornwall gehen und fragen, ob sie mitkommt." ....

e „Ich will nicht, dass sie mitkommt." ....

f „Nur ich kann ihm helfen. Ich muss mit." ....

g „Du kannst gehen. Ich vertraue dir." ....

h „Das Segel ist schwarz." ....

i „Er ist tot. Das ertrage ich nicht." ....

j „Was habe ich nur getan?" ....

Wortschatz

1 Zum Abschluss ein Superkreuzworträtsel für dich: Substantive aus dem gesamten Text.

Waagerecht

1 festliches Essen
4 Gegenteil von *Tante*
9 Gegenteil von *Krieg*
11 alkoholisches Getränk
12 Gegenteil von *Freund*
14 das wichtigste Organ im Körper
16 wächst auf dem Kopf
18 Gegenteil von *Tag*
20 Gegenteil von Frau
21 braucht ein Schiff ohne Motor
22 Musikinstrument

Senkrecht

1 daraus trinkt man
2 Gegenteil von *Leben*
3 darin ist eine Flüssigkeit
5 viele, viele Bäume
6 jemand, der nicht die Wahrheit sagt
7 eine Jahreszeit
8 damit sieht man
10 Vater und Mutter sind ...
13 eine von Tristans Waffen
15 das fehlte dem Drachen
17 darauf sitzt Tristan
19 da wohnten die Könige im Mittelalter

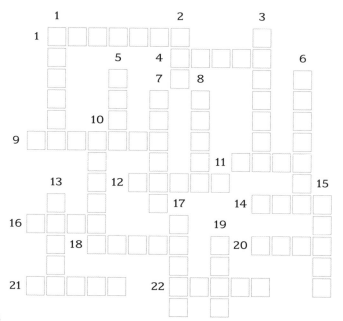

▶▶▶ INTERNETPROJEKT ◀◀◀

Tristan und Isolde von Richard Wagner

Öffne die Website www.blackcat-cideb.com.

Gehe dann auf den Menüpunkt *Students*, danach auf *Lesen und Üben*. Suche dann den Titel des Buches und du bekommst die genaue Link-Angabe.

Tristan und Isolde sind nicht nur in die Literatur-, sondern auch in die Musikgeschichte eingegangen.

Am berühmtesten ist Richard Wagners Oper.

a   Von wann bis wann hat Wagner die Oper komponiert

b   Wann war die Uraufführung

c   Wie lange dauert die Aufführung?

d   Wie viele Akte hat die Oper?

Auf der Internetseite findest du auch Postkarten mit alten Bildern zu *Tristan und Isolde*

a   Welche Bilder passen zu unserer Erzählung?

b   Welche Postkarte gefällt dir am besten?

c   Hast du gewählt? Gut. Möchtest du eine Postkarte verschicken?

d   Dann clicke auf den Menüpunkt *Postkarte senden*, suche dir eine Postkarte aus und schreibe einen kleinen Text dazu. Dann schicke sie an einen Freund.

Bildzusammenfassung

1 Diese Bilder kennst du. Sie beziehen sich auf die einzelnen Kapitel. Bringe die Bilder in die richtige Reihenfolge und schreibe zu jedem Bild zwei Sätze.

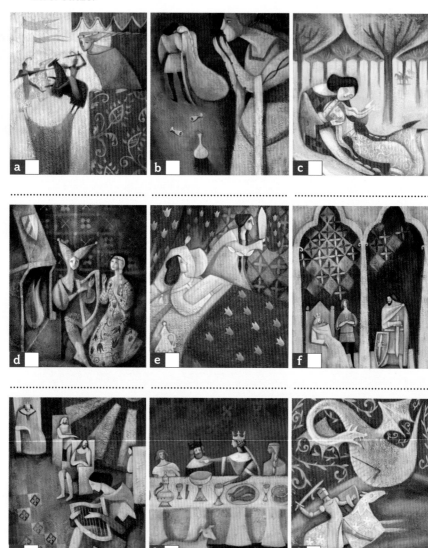

Textverständnis und **Grammatik**

1 Schreibe grammatikalisch korrekte Fragen und kreuze die richtige Antwort an.

a   Wer/König Artus Burg/ankommen?

....

b   Welche Geschichte/er/erzählen?

....

c   Was/Morold/wollen?

....

d   Wer/Morold/kämpfen?

....

e   Warum/Tristan/Irland/fahren?

....

f   Was/Tristan/lehren?

....

g   Warum/Tristan/Irland/zurückkehren?

....

h   Wo/Tristan/Drachen/töten?

....

i   Warum/Truchsess/sagen/er/Drachen/töten?

....

j   Wann/Tristan und Isolde/Zaubertrank/trinken?

....

k   Was/passieren?

....

l   Wie/König Marke/Wahrheit/entdecken?

....

m   Was/er/tun?

....

n Warum/Isolde Weißhand/eifersüchtig?

....

o Warum/Tristan/sterben?

....

1 ☐ Um seine Wunde am Bein zu heilen.
2 ☐ Sie verlieben sich.
3 ☐ Er wollte einen Tribut von König Marke.
4 ☐ Er dachte, dass Isolde nicht kommt.
5 ☐ Ein Spielmann.
6 ☐ Er wollte Isolde heiraten.
7 ☐ Um Isolde zu König Marke zu bringen.
8 ☐ Er erzählte die Geschichte von Tristan von Lyonesse.
9 ☐ Weil ihr Mann eine andere Frau liebte.
10 ☐ Auf dem Schiff auf der Reise nach Cornwall.
11 ☐ Er schickte Tristan weg.
12 ☐ Tristan kämpfte gegen ihn.
13 ☐ Er lehrte Isolde Harfe spielen.
14 ☐ Im Drachental.
15 ☐ Zwerg Melot erzählte es ihm.